¡BIENVENIDO!

¿Por dónde comenzar?

Decidir hacer un cambio profesional y no saber cómo, anhelar el trabajo de tus sueños, pero sentir miedo de tomar acción o sentirse estancado en la escalera corporativa con miles de dudas acerca de tus competencias son preocupaciones que escucho frecuentemente en las asesorías que ofrezco a mis clientes.

Cualquiera que sea tu situación, es esencial entrenarte en el proceso que te espera. En este libro obtendrás el método que he enseñado a más de mil clientes para que tú también logres el trabajo que quieras.

#DileNOaTrabajarEnLoQueSea

Jica Nava
Asesora de Búsqueda de Empleo

 @jicanava

¿CÓMO USAR ESTE LIBRO?

- Cada capítulo tiene actividades que debes ir completando.
- Si necesitas acompañamiento, en mi página web encontrarás **mis tutoriales** que te explicarán paso a paso qué hacer en cada capítulo

Visita mi página web:

JICANAVA.COM

Copyright © Jica Nava, 2021
All Rights Reserved

All rights reserved, no portion of this book may be reproduced in any form without permission from the publisher, except as permitted by U.S. copyright law. For permissions contact: Jica Nava at contacto@jicanava.com

Reservados todos los derechos, ninguna parte de este libro puede reproducirse de ninguna forma sin el permiso del editor, excepto según lo permita la ley de derechos de autor de Estados Unidos. Para permisos contacte a: Jica Nava en contacto@jicanava.com

CONTENIDO

	Introducción	4
1	**POR DÓNDE COMENZAR**	5
	¡No sé en qué soy bueno!	6
	Clasifica tu círculo social	7
	Entrevista a profesionales y mentores	8
	Testimonio —Thays Velásquez—	11
2	**¿QUÉ CARGO QUIERES LOGRAR?**	13
	Determina tus habilidades	14
	Transfiere lo que sabes	16
	Invertir o no en educación	17
	Voluntariado Profesional	19
	Testimonio —Anabel Armas—	23
3	**CÓMO CONTAR TU HISTORIA**	25
	Tu nuevo CV	26
	Conoce el ATS	27
	Secciones de tu CV	28
	Carta de Presentación (Cover Letter)	36
	Testimonio —Jean J. Vasquez—	37
4	**CÓMO BUSCAR EMPLEO**	39
	Portales de Empleo	40
	Reclutadores	41
	Networking	42
	Actualiza tu Perfil de LinkedIn	44
	Testimonio —Jennifer Farias—	47
5	**ENTREVISTAS DE TRABAJO**	49
	Preguntas típicas	50
	Explica tus vacíos profesionales	54
	Preguntas de comportamiento	55
	Cierre de la entrevista	59
	Referencias	61
	Testimonio —Tatiana Giraldo—	63
	El proceso que te espera	65

INTRODUCCIÓN

Trabajar en nuestra industria, ejercer lo que sabemos, aprender nuevas habilidades, estar en una empresa que admiramos, lograr promociones, conocer a otras personas que están en nuestra sintonía profesional, ser parte de un ambiente laboral exitoso, y disfrutar de excelentes beneficios, son algunas de las razones que nos mueven a empezar la búsqueda de un nuevo trabajo.

Ahora bien, cuando migramos ¿Qué pasa con nuestro proyecto de vida profesional? Cuando se llega a un nuevo país la meta es la de *mejorar nuestra calidad de vida*, es por eso que es común empezar con gran motivación y muchas ganas de superación, pero a veces, nos encontramos con personas que nos repiten sin descanso: "Debes trabajar en LO QUE SEA".

La negación a un destino impuesto por otra persona es natural, acto seguido, se inicia una montaña rusa —*emocional*— de iniciativas propias; edición del CV sin entender el mercado laboral, llenado de aplicaciones de empleo sin conocer cómo las empresas filtran candidatos, y por último, eventuales entrevistas de trabajo sin finales felices.

Mientras tanto la vida pasa, y se hace necesario tomar un *trabajo en lo que sea*, es decir, algo que no nos gusta o a lo que no estamos acostumbrados, esto con el único propósito de cubrir las necesidades básicas del día a día. Luego de varios meses, cansados de tanto trabajo arduo y llenos de valentía viene la otra ola de motivación y vuelve el proceso de llenar aplicaciones sin conseguir resultados. Esto puede repetirse, y así pueden pasar varios años.

Yo quiero romper este ciclo en CADA UNO de ustedes. Mi sueño es cambiar la versión del inmigrante preocupado, derribar estereotipos, sacudir el miedo a un nuevo idioma. La motivación que tuve al escribir este libro es la de enseñar estrategias REALISTAS Y LÓGICAS para lograr el trabajo que merecemos. Que este método llegue a cada persona que lo necesite y que pueda lograr el trabajo de sus sueños.

Nadie comienza de CERO, tienes tanto que ofrecer y muchísimas oportunidades por descubrir

POR DÓNDE COMENZAR

Cuando decidimos empezar la búsqueda de trabajo, una de las primeras actividades que hacemos es la de mirar oportunidades en portales de empleo online, colocando nuestra profesión y la ciudad en la que queremos trabajar.

Los resultados generalmente son abrumadores, aparecen cientos de cargos que nos dejan paralizados, es por eso que, con frustración abandonamos dicha iniciativa, y nos hacemos una promesa (que generalmente no cumplimos), y que muchas veces suena de esta manera: "mañana me sentaré con calma a ver esto nuevamente".

¿Te ha pasado? En este primer capítulo descubrirás por dónde empezar.

Vas a notar que menciono con frecuencia el término "*carrera*", y me gustaría detenerme en este punto, ya que solemos pensar que nuestro título universitario es la exclusiva y mejor representación de nuestra profesión, y llegamos a sentirnos culpables si no lo tenemos o si ejercimos algo diferente. **Nuestra carrera es un camino escogido, un rumbo controlado y un destino que nosotros decidimos** y al que le damos forma continuamente.

DIFERENCIAS ENTRE TÍTULO UNIVERSITARIO Y CARRERA

TÍTULO UNIVERSITARIO

- Es un grado académico
- Es estático, se puede actualizar mediante educación adicional
- Es otorgado por universidades
- Comprende la formación técnica en un área específica y forma parte de los requisitos para ejercer algunas carreras

CARRERA

- Es una trayectoria profesional
- Se puede modificar constantemente y se controla a lo largo de los años
- Es la suma de la formación académica vigente (títulos, certificaciones y cursos)
- Es un set de experiencias, conocimientos y habilidades que se van a actualizando

ESCUCHA A OTROS
¡NO SÉ EN QUÉ SOY BUENO!

Nuestra carrera es un repertorio de experiencias, habilidades técnicas, competencias y talentos, pero ¿Qué hacer cuando no sabemos cómo usar este catálogo?

Seguramente nos hemos hecho esta pregunta en varias etapas de nuestra vida, y aún no encontramos una respuesta concreta, quizá estamos tan sumergidos dentro de nuestras propias limitaciones y las preocupaciones del día a día que no descubrimos lo evidente de nuestras fortalezas.

Si este escenario te parece familiar, considera escuchar a otros. Empieza por tu círculo social, identifica a personas confiables con la capacidad de dar opiniones honestas y con visión global.

Escucha lo que tengan que decir, toma notas y <u>evita refutar o argumentar</u>. Sin embargo, es importante establecer límites, este no debe ser un espacio para críticas o juicios sobre tu vida personal o las decisiones que has tomado en el pasado, si esto sucede seguramente estás involucrando a un "ujum".

EVALÚA TU CÍRCULO SOCIAL

NOTAS

Evalúa a tus Amigos
¿Te rodeas de personas que te impulsan a continuar?
¿Tienes amigos que te llenan de energía cuando más lo necesitas?

Identifica a tus mentores
¿Cuentas con personas que puedan darte consejos y herramientas? ¿Puedes relacionarte con personas que te ofrezcan asistencia técnica y conexiones?

Limita a los "ujum"
¿Considerarías visitar a estas personas con menos frecuencia? ¿Puedes limitar la información sobre tus planes? ¿Es necesario que formen parte de tu entorno?

¿A QUIÉN PEDIRLE FEEDBACK?
CLASIFICACIÓN DE TU CÍRCULO SOCIAL

Los amigos
Son fuentes de motivación y empuje cuando tus planes no tienen los resultados que esperabas. Quizá no saben cómo solucionar tu problema, pero su valor está en el apoyo que te brindan en esos momentos difíciles. Ten presente que <u>tus amigos son amigos</u>, no son mentores ni "ujum".

Los mentores/coaches
Son personas que saben cómo ayudarte a lograr lo que quieres, te ofrecen herramientas, te dan consejos estupendos y te presentan a la gente indicada, sin embargo, conforman menos del 10% de tu entorno.
Son ideales para dar feedback. Es normal que un mentor no sea tu amigo, solo tu mentor.

Los "ujum"
No consideran viables tus sueños y su talento consiste en identificar qué va a salir mal en tu plan.
No plantean soluciones, herramientas o recursos.
Brindan apoyo de forma condescendiente.
No recomiendan que sientas valentía o tomes riesgos. Su lema es "si la mayoría fracasa, es muy probable que fracases tú también". Los "ujum" no son tus amigos ni mucho menos tus mentores.

PIDE FEEDBACK
ENTREVISTA A OTROS PROFESIONALES

Hay personas que puedes encontrar fuera de tu círculo social, los profesionales. Estos pueden ser conocidos de tus amigos o mentores, también puedes conectar con ellos en la red profesional LinkedIn. Son perfectos para contarles tus planes, comienza la conversación diciendo:

"Estoy planeando ejercer _____ y me gustaría mucho aprender de su experiencia", ¿le puedo hacer unas preguntas acerca de su carrera?

PREGUNTAS

RESPUESTAS

1. ¿Cómo luce un día típico para ti?

2. ¿Qué sabes ahora sobre tu carrera que no sabías cuando comenzaste?

3. Describe tu carrera en 3 palabras

4. ¿Qué tipo de problemas resuelves en tu día a día?

5. Conoces a alguien con quien pueda conectar en esta área

6. ¿Cuál es el rango de salario en esta área/industria/nivel?

7. ¿Hubieses hecho algo de forma diferente?

SIGUE EN CONTACTO, MANTÉN LA CONEXIÓN VIVA Y NO OLVIDES ESCRIBIRLES PARA AGRADECERLES

PIDE FEEDBACK
ENTREVISTAS A MENTORES

Hay mucho que puedes aprender de ti mismo a través del feedback de un mentor. Utiliza esta oportunidad para saber cómo te sientes con respecto a una carrera o una industria. Los consejos y estrategias de un experto te ayudarán en tu toma de decisiones.

PREGUNTAS

RESPUESTAS

1. ¿Qué carrera me ve ejerciendo?

2. ¿Cuáles son mis fortalezas?

3. Descríbame en 3 palabras

4. Si no supiera a qué me dedico ¿Cuál sería su conjetura?

5. ¿Qué problemas soy bueno resolviendo?

6. Mencione un don único que poseo

7. ¿Qué modelo a seguir me recomienda?

8. ¿Le parece que debo estudiar otra carrera desde cero o entrenarme en algún área en específico?

ENVÍA UN MENSAJE/EMAIL O REALIZA UNA LLAMADA DE AGRADECIMIENTO POR EL TIEMPO DEDICADO

CÓMO DESCUBRIR TU PASIÓN
¿TE VA A GUSTAR TU NUEVO TRABAJO?

¿Es posible desarrollar una carrera estable en algo que verdaderamente amas y que se mantenga esa pasión en el tiempo?

Supongamos que cuentas con los talentos típicos, probablemente experiencia, y también, las aptitudes técnicas exigidas en el área. En este momento es recomendable preguntarte:

¿Qué te gusta de este oficio?

¿Te gusta el prestigio que te da el cargo?; ¿Realmente te gustan las tareas que vas a desempeñar en tu día a día?; ¿Te apasiona trabajar en una determinada industria?; o ¿Te gusta ser reconocido por otros cuando te relacionan con esa industria?.

A continuación, usaremos ejemplos hipotéticos y mediremos una carrera en términos cuantificables. Este es un ejercicio que debes hacer con tu propia elección.

Carrera: **Cantante (10/90):**
10% del tiempo hace lo que ama; cantar en grabaciones de discos, ensayos y conciertos.

90% del tiempo hace actividades no relacionadas con el canto como viajar constantemente, dar entrevistas a los medios, hacer mucho ejercicio, ensayar coreografías, discutir contratos, ser voluntario en obras benéficas, hacer sesiones de fotos, perderse frecuentemente las actividades sociales con amigos y familiares.

Carrera: **Gerente de departamento (50/50):**
50% del tiempo hace lo que ama; hablar con clientes, crear formas de penetrar nuevos mercados, liderar equipos, dar charlas, proponer estrategias, exceder las metas de la corporación, relacionarse con otros profesionales.

50% del tiempo es responsable de acciones disciplinarias y maneja los dramas entre su personal. Es el responsable de los errores del equipo y da la cara ante la alta gerencia. Trabaja largas horas, a veces, más que el resto de su propio equipo.

Determina tu proporción: _____

Carrera ideal (80/20):
80% del tiempo amo lo que hago; hago tareas que expanden mis conocimientos y crean experiencias que aumentan mi entusiasmo. Es un trabajo compatible con mi estilo de vida.

20% del tiempo hago tareas que no son mis favoritas, pero que con la gran carga de motivación que tiene el otro 80% entiendo que son parte de mi trabajo y que siempre hay oportunidades de mejora. Salgo de mi zona de confort.

CLIENTE DE JICA NAVA
CONOCE A THAYS VELÁSQUEZ

> Yo necesitaba salir de lo que estaba haciendo y volver a lo mío, es algo que me apasiona. Cuando yo llegué traduje mi currículo tal cual al inglés que yo traía de Venezuela y definitivamente eso no ayuda en nada porque metía varias aplicaciones y nunca llegaba ninguna respuesta. Hablaba con personas de la cadena de conexión que uno tenía de Venezuela y la gente te trunca de una vez, me dijeron *"eso no va a ser posible para ti"* —muchas veces me pasó—. Yo estaba trabajando en Housekeeping, pensé *yo voy a crecer en esta área porque es lo único que hay*, y así fue, me convertí en supervisora, luego coordinadora y llegué a manager de housekeeping, pero eso no era lo que a mí me apasionaba.

He aprendido que el inglés es necesario para comunicar tu trabajo, ellos ven que puedes comunicarte en lo más básico, saludar, que puedas explicarle a tu jefe el día a día de tu área.

Uno piensa que va a necesitar los títulos universitarios, yo me traje mi título y mi máster y no me los pidieron, porque ellos ven que es lo que tú sabes hacer, y si tú te destacas mucho mejor.

En 5 años me veo más grande, yo empecé en la base de contaduría y ahora quiero llegar allá arriba a Finanzas. En este momento estoy absorbiendo todo, ayudo, pregunto y pido que me expliquen y he llegado a cubrir a mis compañeros en sus vacaciones.

No fue fácil estar donde estaba y llegar hasta donde estoy, pero desde que yo hice mi asesoría contigo y desde que yo supe los procedimientos de aquí todo se hizo como si yo estuviese en un camino de pétalos de rosas. Quizás para muchos no sea lo mismo, quizás les cueste la entrevista, pero aunque el camino les cueste un poquito igual se les va a ser muy sencillo después de que aprendes cómo se maneja lo que es reclutamiento y selección. Es un cambio brutal.

THAYS ¿QUÉ LOGRASTE?

Trabajo en Contabilidad en el departamento de Finanzas de una empresa de Seguros.

¿QUÉ QUIERES QUE LAS PERSONAS SE LLEVEN DE TU EXPERIENCIA?

Que se inspiren todos, porque la felicidad de conseguir tu trabajo existe. Puedes trabajar en una oficina de lunes y viernes y tener sábados y domingos libres, eso es un privilegio que no todos tienen pero que pueden tener.

PLANIFICADOR SEMANAL
POR DÓNDE COMENZAR

LUNES

MARTES

MIÉRCOLES

JUEVES

VIERNES

SÁBADO

DOMINGO

FECHA: _____

ACTIVIDADES

- Clasificar mi círculo social
- Realizar entrevistas a mentores y profesionales
- Organizar una tormenta de ideas entre colegas o excompañeros de universidad y preguntar acerca de su satisfacción y metas profesionales

PRIORIDADES

_____

_____

_____

_____

_____

NOTAS

¿QUÉ CARGO QUIERES LOGRAR?

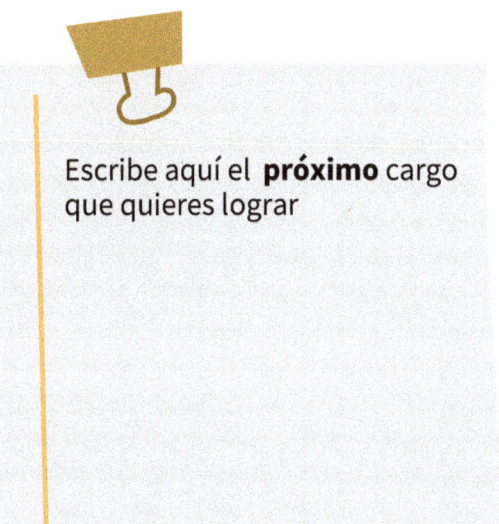

Escribe aquí el **próximo** cargo que quieres lograr

Luego de todo lo que descubriste en el capítulo anterior, es esencial definir el próximo cargo que deseas (no el que quieres en 5 o 10 años, solamente piensa en el próximo).

Recuerda que siempre puedes volver a este paso con nuevas ideas y modificarlo tantas veces como quieras.

FACTORES A CONSIDERAR AL ELEGIR UN CARGO

CIUDADES DONDE QUIERES TRABAJAR

CONDICIONES DEL CARGO

- [ ] Beneficios: Salud, Retiro y Póliza de vida
- [ ] Horario de trabajo flexible
- [ ] Cercano a casa
- [ ] Trabajo remoto
- [ ] Empresa de prestigio
- [ ] Alto salario = Altas exigencias
- [ ] Cultura corporativa/Ambiente de trabajo
- [ ] Turnos nocturnos y/o Fines de semana
- [ ]
- [ ]

REQUISITOS Y COMPETENCIAS

DETERMINA TUS HABILIDADES

Vamos a identificar tus habilidades dependiendo de las competencias relevantes del cargo que quieres lograr. Comienza por una investigación en internet, y toma nota de los resultados que hagas en las siguientes búsquedas:

- Entra en un portal de empleo, busca el cargo deseado y toma nota de los requisitos
- Busca en Google el cargo deseado + la palabra "competencias" y toma nota de los resultados

_____
_____
_____
_____

Con base a los resultados determina:

¿Qué habilidades innatas y talentos naturales puedes usar?

_____
_____

¿Qué habilidades técnicas y profesionales puedes aplicar al cargo deseado?

_____
_____

¿Qué habilidades de software puedes aplicar al cargo deseado?

_____
_____

EJERCICIO PRÁCTICO
DISEÑA LO QUE DESEAS

Luego de reflexionar sobre tus talentos naturales, escuchar el feedback de tu entorno y entrevistar a profesionales y mentores, el próximo paso es diseñar lo que deseas. Recuerda que es importante cerrarse a los comentarios y cuestionamientos de personas "ujum" que solamente suman incertidumbre. La mejor forma de detenerlos, es teniendo un camino claro para todos.

CLARIDAD

Sé específico cuando hables de lo que deseas, explica el valor y los conocimientos que vas a aportar a tu carrera y lo que te apasiona

FUNCIONALIDAD

Explica tu meta con sentido realista. Cuando tus objetivos suenan utópicos dejas espacio para la incertidumbre de los que te rodean

PRECISIÓN

Cuantifica el impacto que representa el desarrollo de tu carrera. Comenta sobre la ruta para lograrlo y la meta específica que vas a alcanzar

¿CÓMO CONTARÁS TU MENSAJE?

_____
_____
_____
_____
_____

REQUISITOS Y COMPETENCIAS
TRANSFIERE LO QUE SABES

Las habilidades transferibles son los conocimientos técnicos, las habilidades blandas y duras y la experiencia que has desarrollado a lo largo de tu carrera y que puedes llevarte a otra/nueva carrera o industria.

Por ejemplo: Un vendedor puede transferir sus habilidades de comunicación y persuasión a un próximo cargo como coach

LO QUE HAS APRENDIDO

LO QUE PUEDES APORTAR

Revisa la lista de requisitos que hiciste e identifica cuáles habilidades puedes transferir para cubrir esos requerimientos. Este ejercicio te permitirá tender un puente entre lo que has aprendido y lo que quieres hacer.

¿QUÉ HABILIDADES VAS A TRANSFERIR AL CARGO QUIERES LOGRAR?

Ejemplos: análisis técnico de procesos complejos, gestión del tiempo, Excel

COMPARA TUS ALTERNATIVAS
INVERTIR O NO EN EDUCACIÓN

Si el trabajo que deseas coincide con tus competencias actuales hay poco de lo que te tienes que preocupar. Si por el contrario, lo que deseas te genera incertidumbre es común pensar *¿Estaré 100% calificado para el trabajo que quiero lograr?*

El primer reflejo es pensar que necesitamos ir a la universidad. No obstante, es importante dejar claro que si tu camino profesional está relacionado con una carrera estrictamente regulada (ejemplos: médico cirujano, abogado litigante, enfermera de partos) es entendible que la única forma de lograrlo es obteniendo el título y/o la licencia que permita ejercer ese sueño. Pero si tu carrera soñada no está regulada…

¿Qué tipo de preparación existe para expandir tus competencias actuales?
¿Es posible entrar de otra manera que no sea invirtiendo en educación formal?

Realiza una investigación de las habilidades y requisitos necesarios para lograr tu próximo trabajo.

¿CUÁLES SON LOS REQUISITOS EXIGIDOS?

EDUCACIÓN REQUERIDA

- [ ] *Ejemplo: Ingeniería Electrónica*
- [ ] _____
- [ ] _____

LICENCIA/CERTIFICACIÓN/CURSO

- [ ] *Ejemplo: Certificación Cisco CCNA*
- [ ] _____
- [ ] _____

COMPARA TUS ALTERNATIVAS

¿NECESITAS VOLVER A ESTUDIAR?

Ya conoces los requisitos del trabajo que quieres lograr, ahora evalúa el camino de la educación de forma realista cuantificando factores como **precio de la preparación, tiempo a invertir y el sueldo y/o retorno de la inversión.**

Títulos universitarios
- ☐ Licenciatura
- ☐ Diplomado
- ☐ PhD
- ☐ Especialización
- ☐ Maestría

Certificaciones y Licencias
- ☐ Licencias para ejercer
- ☐ Certificaciones de nuevas tecnologías y software
- ☐ Certificados de empresas/universidades de renombre

Cursos Online y Auto-entrenamiento
- ☐ Cursos en páginas web
- ☐ Preparación con expertos
- ☐ Tutoriales e investigación
- ☐ Conferencias y eventos
- ☐ Trainings en Asociaciones de profesionales

PRECIO	TIEMPO INVERTIDO	RETORNO DE INVERSIÓN

PRUEBA, LUEGO DECIDE
¿QUÉ ES EL VOLUNTARIADO PROFESIONAL?

Las organizaciones sin fines de lucro deben dedicar los fondos que reciben al cumplimiento de su misión, es por eso que no cuentan con una extensa nómina de empleados asalariados, y muchas veces se inclinan por recibir los servicios profesionales de voluntarios en muchas áreas, por ejemplo; creación de websites o software, control de contabilidad, atención al cliente, diseño gráfico, programas de entrenamiento, marketing, coordinación de eventos, logística, entre otros. Estoy segura de que puedes encontrar una oportunidad en tu industria.

Empezar como voluntario es una excelente manera de probar el área que quieres emprender. También, es una oportunidad para aprender y desarrollar conocimientos y destrezas, y si lo necesitas; practicar el idioma técnico.

Probar trabajando te trae múltiples beneficios:
- Entender un día típico y resolver los problemas propios de tu carrera
- Conocer a otras personas que ejerzan en el área de tu interés
- Entender la cultura de una empresa y las relaciones entre los empleados
- Lograr referencias y una carta de recomendación para futuros trabajos
- Obtener inmersión en el idioma técnico
- Ofrecer ayuda en tu horario y con la frecuencia que deseas
- Agregar a tu CV lo que aprendiste y evitar vacíos profesionales

El interés en tu ayuda profesional es recíproco, anímate a encontrar una oportunidad.

DÓNDE ENCONTRAR ORGANIZACIONES QUE BUSCAN VOLUNTARIOS

ONLINE
- Organizaciones mundiales (Cruz Roja)
- Agencias gubernamentales
- Organizaciones internacionales (Organización Mundial de la Salud, Organización de Estados Americanos, Naciones Unidas)

EN TU CIUDAD
- Organizaciones sin fines de lucro que resuelvan problemas de tu comunidad
- Museos, teatros, zoológicos y parques
- Refugios de personas o animales
- La oficina del condado o la ciudad
- Hospitales y universidades

PRUEBA, LUEGO DECIDE
CÓMO LOGRAR SER VOLUNTARIO

Con mucho ánimo contacta a organizaciones sin fines de lucro a través de un correo electrónico, cuéntales cómo los puedes ayudar y el horario que tienes disponible. Recuerda que el compromiso es verbal, no firmarás un contrato de empleo ni percibirás un salario, esto significa que tú decides cuántas horas deseas ser voluntario cada semana.

Acepta oportunidades que estén relacionadas con tu área, por más satisfactorio que luzca plantar árboles o cuidar animales, la prioridad es invertir tiempo en potenciar las competencias del cargo que quieres lograr.

Escríbeles un email como el siguiente:

Buenas tardes,

Actualmente estoy buscando una oportunidad para ayudar en el área de _____. ¿Podría darme más información sobre las tareas que tienen disponibles?

Saludos cordiales,

Jica Nava

Si algún día no puedes ir avísales, mantén la comunicación abierta, ellos entenderán. El tiempo que puedes dedicarle a esta tarea puede ser desde un par de horas a la semana hasta tiempo completo, es tu decisión.

RESULTADOS DEL VOLUNTARIADO

- Solicita una carta de recomendación y adjúntala a tu aplicación de empleo
- Escribe en tu CV las tareas específicas de las que fuiste responsable
- Habla en tu entrevista de los proyectos en los que estuviste involucrado
- Conecta con otros voluntarios y cuéntales que estás activamente buscando empleo
- Pregúntales a los supervisores del voluntariado si puedes agregarlos como referencia laboral

PRUEBA, LUEGO DECIDE
VOLUNTARIADO EN TU EMPLEO ACTUAL

Si deseas poner a prueba tus capacidades en otras áreas de la empresa y conectar con otros departamentos, ofrecerte como voluntario puede ser una buena opción. Involúcrate de las siguientes maneras:

- [ ] **Forma parte de un comité**
  Intégrate a comités de alguna iniciativa (Ej. Seguridad, diversidad) para conocer colegas y gerentes que puedan ofrecer nuevas conexiones

- [ ] **Coordina eventos**
  Ofrece ayuda para coordinar la fiesta de fin de año o el evento anual de la empresa

- [ ] **Entrena a nuevos empleados**
  Ofrece tus años de experiencia a los que van entrando, guíalos en un tour y preséntales a nuevas personas

- [ ] **Asiste en proyectos de otras áreas**
  Ofrece diseñar un manual de procedimientos, optimizar una hoja de cálculos de Excel o resolver un problema en otro departamento

- [ ] **Ubica al departamento de voluntariado**
  Dentro de tu propia empresa ubica al coordinador de voluntarios o responsabilidad social y cuéntale de tu interés

- [ ] **Consulta a recursos humanos**
  Ellos se reúnen con numerosos jefes y departamentos y pueden darte ideas sobre cómo te puedes involucrar

NOTAS

_____
_____
_____
_____
_____
_____
_____
_____

PRUEBA, LUEGO DECIDE
SOY MAYOR DE 50 AÑOS

La edad, el género o el origen de una persona no deben ser considerados como elementos para decidir entre un candidato u otro, sin embargo, los que contratan son seres humanos con opiniones y definitivamente si existe la discriminación. Debes enfrentar estos estereotipos sin miedo y con mucha inteligencia, empezando por no mencionar tu edad (y tampoco te la deberían preguntar).

Hay argumentos que puedes resaltar sobre tu perfil, se me ocurren por ejemplo; tu ética, la confiabilidad para lograr resultados, tus deseos de estabilidad y que tus años de experiencia te han enseñado muchas formas de resolver un mismo problema.

>Ejemplo de respuesta cuando cuestionen tu edad:
>
>*"Durante mi carrera he adquirido gran madurez y experiencia, teniendo de esta forma un gran sentido de responsabilidad. Valoro con dedicación mi puesto de trabajo, y me esfuerzo todos los días en mantenerlo"*

Habla de la flexibilidad de tu tiempo, recuerda la ventaja que tienes sobre un profesional con hijos pequeños, no pases la oportunidad de mencionar la libertad que tienes con tu horario, que aunque no te van a contratar por esta razón específica ciertamente estás dando una información que te da una cierta ventaja sobre otros aspirantes.

Debes reiterar que no tienes problemas trabajando con tecnología, que aceptas ideas e instrucciones de otras personas, que eres flexible, que no te comportas únicamente como un mentor, sino que también disfrutas mucho aprendiendo. Recuerda que el temor de un supervisor es que entres a una empresa a dar órdenes por tu experiencia y que no aceptes instrucciones de alguien de menor edad.

NI TU EDAD, NI TU ORIGEN, NI TU ACENTO DEBEN DETENERTE

CLIENTE DE JICA NAVA

CONOCE A ANABEL ARMAS

Antes   *Después*

 Ayer fue mi primer día y me parece que es mentira todo lo que estoy viviendo.

Después de que hice el curso contigo estaba muy insegura con el inglés, entonces me dediqué con un profesor. Me ha costado todo y me sigue costando mucho, la gente me dice que para tener año y medio aquí me desenvuelvo bien, pero yo me siento insegura.

Yo era cajera en un supermercado, siempre que tenía horas libres me ponía a buscar por internet y en los negocios cercanos, hasta que un día publicaron en Facebook que estaban buscando una asistente, les escribí y me dieron una cita para el día siguiente. Adicionalmente, ese mismo día, volví a intentar en la biblioteca, ya había ido 3 veces buscando voluntariado y no me respondían o me decían que estaba prohibido por la pandemia. Igual volví, llené la aplicación y les dije que yo era Bibliotecólogo, en seguida llamaron a la administradora y me hizo una entrevista en ese momento, le hablé de dónde había trabajado, qué había hecho y cuáles fueron los resultados.

Fue todo muy espontáneo, todo en inglés, y yo me sentí muy cómoda. Inmediatamente me ofrecieron un empleo, yo pensé que no había entendido bien, le dije: *¿pudiera hablar más lento?*.

Llamaron a una persona que hablaba español y me tradujo lo que ya yo había entendido y me dijo: *¡Increíble! viniste a buscar un voluntariado y sales con una oferta de trabajo.* Les respondí: *tengo una entrevista de trabajo mañana*. Ellos no se preocuparon, me dijeron que fuera a la entrevista y que volviera.

Al día siguiente, fui a la entrevista del otro trabajo. Me dijeron que necesitaba mejor nivel de inglés, les respondí: *entiendo, lo que pasa es que cada vez que hay una oportunidad yo lo intento porque la vida está por sonreírme*. Me respondió: *tu actitud es única, yo te voy a dar la oportunidad. Vas a trabajar de 3:30 pm a 7:30 pm*. No lo podía creer, brincaba de la emoción.

Cuando las cosas van a ser para uno, yo soy una mujer de fe y yo sé que Dios está en medio de todo esto, pero **uno se encarga de lo posible**. Uno se esfuerza, uno tiene que hacer lo que le corresponde hacer, Él se encarga del resto que uno no maneja.

Uno lucha, a veces me han dado mis depres, yo salía a las 10 pm y caminaba 40 minutos del trabajo a la casa.

Yo he pasado 10 meses 8 horas diarias de pie en un supermercado, eso me ha afectado mis caderas. Me encantó el trato con el público, pero me afectó físicamente, ya que es muy demandante el trabajo.

Jica, para mí se comenzó a abrir la puerta de la esperanza y de la luz después de que yo estuve en tu curso, yo dije *"sí es posible"*, yo juraba que no lo era. El conocimiento que tú transmites y las experiencias que me permitió vivir el curso, me permitieron pensar: **de la esperanza voy a pasar a la acción**, y fue posible.

ANABEL ¿QUÉ LOGRASTE?

Trabajo en una biblioteca pública y soy asistente de la dueña de una empresa de servicios contables.

¿QUÉ QUIERES QUE LAS PERSONAS SE LLEVEN DE TU EXPERIENCIA?

Lo que se necesita para poder triunfar es el conocimiento de cómo se debe hacer, el conocimiento es lo que te da a ti la seguridad de que es posible.

PLANIFICADOR SEMANAL
QUÉ CARGO QUIERES LOGRAR

FECHA: _____

LUNES

MARTES

MIÉRCOLES

JUEVES

VIERNES

SÁBADO

DOMINGO

ACTIVIDADES

- Identificar mis habilidades transferibles
- Comenzar la formación profesional que decidí tomar
- Contactar a una organización sin fines de lucro para encontrar voluntariado profesional
- Conseguir una opción de voluntariado dentro de mi empresa actual

PRIORIDADES

_____

_____

_____

_____

NOTAS

CREA TU NUEVO CV
CÓMO CONTAR TU HISTORIA

Tu CV es un recuento de tu historia profesional, por eso es fundamental redactarlo en términos que tu próximo entrevistador pueda entender.

Debes empezar por sentir que eres parte, no puedes lucir como un intruso y querer entrar en su mundo sólo porque anhelas ser como ellos.

Pensar en tu próximo cargo con la idea de que no perteneces es simplemente no comenzar a ser lo que quieres ser.

Imagínate a un candidato en una entrevista diciendo:
"**Me gustaría** trabajar en el área de marketing digital"
"**Me gusta eso** del control de calidad"
"**Me llama la atención** eso de los números y los cálculos"

Suena poco creíble que seas un candidato cualificado cuando ni siquiera luces que eres parte de la industria. Cambia tu discurso usando los siguientes ejemplos:
"**Yo soy** especialista en el área de control de calidad"
"**Yo soy** un estudioso de la ingeniería civil"
"**Yo soy** un apasionado de los estándares de producción"

Adicionalmente, toma nota de la mayor cantidad de **palabras clave** de tu industria para lograr un discurso asertivo.

DÓNDE ENCONTRAR PALABRAS CLAVE

- Lee extensivamente sobre tu área
- Escucha incansablemente podcasts y noticias sobre el tema
- Toma cursos cortos y tutoriales online (¡YouTube también funciona!)
- Asiste a charlas y paneles de discusión donde conozcas a otros profesionales
- Participa en proyectos profesionales de ex-compañeros de universidad o de trabajos anteriores
- Participa y comenta en grupos de profesionales de LinkedIn
- Lee artículos del área en LinkedIn
- Investiga el mercado laboral

CREA UN ARCHIVO EN WORD CON
TU NUEVO CV

Este es el formato de CV/resume que vas a usar. Su configuración sencilla permite que los reclutadores identifiquen rápidamente tus logros, experiencias y habilidades.

En nuestros países es común el uso del Curriculum Vitae el cual generalmente tiene más de 3 páginas detallando absolutamente todos los cargos, títulos de educación, certificados y cursos.

También, en ciertos países es común colocar la foto y datos como: estado civil, fecha de nacimiento, nacionalidad, entre otros detalles personales que en esta ocasión no vamos a agregar.

MIS TRUCOS PARA EDITAR UN CV

- ☐ Usa márgenes entre el rango de 0.6' a 0.8' y facilita la lectura dejando espacios en blanco
- ☐ Nunca uses Times New Roman (es anticuada) o Arial (ocupa mucho espacio)
- ☐ Usa decoraciones solamente si estás seguro de que va a llegarle a las manos de una persona y no va a usarse en aplicaciones de internet
- ☐ Nunca escribas aspiraciones salariales
- ☐ Todo lo que escribas en el CV/Resume debe estar respaldado por tus referencias. Exageraciones o inconsistencias en el CV pueden resultar en despido

- ☐ Usa fuentes como: Calibri, Sans Serif y Montserrat tamaño 10 – 12
- ☐ No guardes el archivo en .PDF (muchas veces no son compatibles con los ATS)
- ☐ Al final del CV, nunca coloques oraciones como: "Referencias disponibles a petición" o "References available upon request"
- ☐ No uses tablas, imágenes, logos o columnas
- ☐ Siempre guarda los archivos de Word con 100% de zoom, para que la persona que abra el archivo pueda verlo en ¾ de la página.

CONOCE AL ATS
(APPLICANT TRACKING SYSTEM)

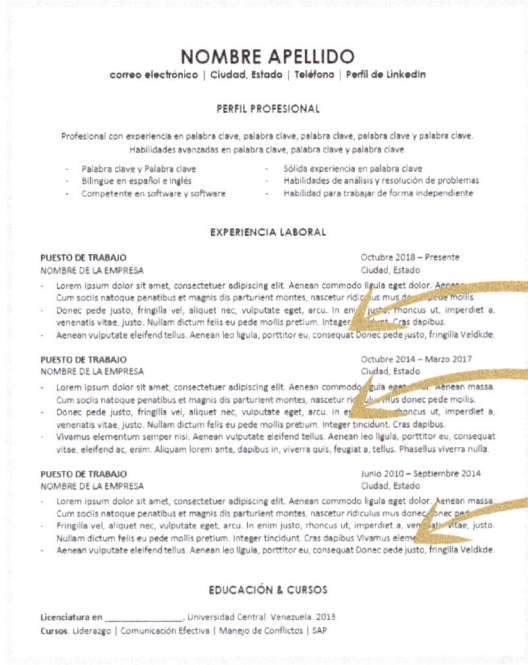
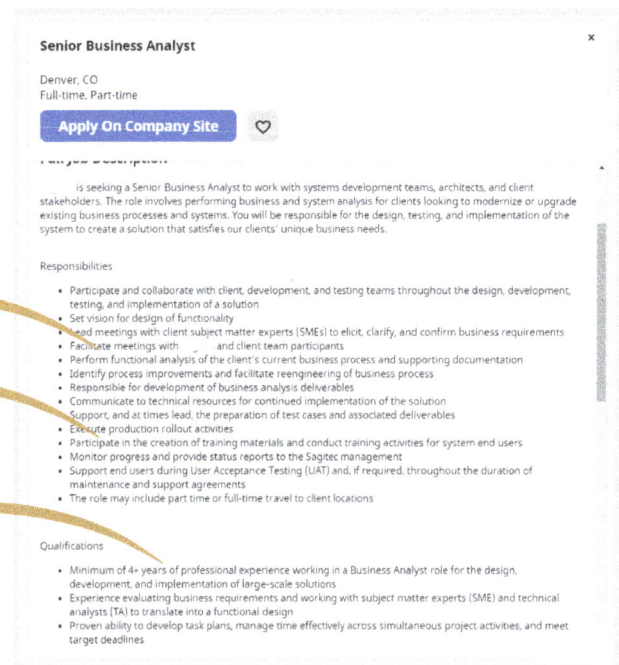

El Applicant Tracking System es un software que analiza el contenido de un currículum para determinar si tu solicitud debe transmitirse al reclutador y a gerentes de contratación.

Este tipo de software automatiza el proceso y ahorra mucho tiempo, ya que compara las palabras clave específicas en tu CV con las palabras clave de la descripción del cargo, y según el resultado pasan tu candidatura al personal de Recursos Humanos o en caso contrario, te envía un email automático declinando tu aplicación.

Cuando llenamos una aplicación de empleo pensamos que nuestro CV cae directamente en manos del personal de la empresa, sin embargo es el ATS quien automáticamente hace el trabajo de aprobar o rechazar nuestra candidatura.

Es por eso que **insertar palabras clave en tu CV es ESENCIAL**, la próxima vez que te postules a un empleo, detente... y adapta tu CV antes de llenar la aplicación. No es recomendable tener un resume general para todos los cargos que te interesan, las descripciones de trabajo te van a dar las palabras clave que debes copiar, esto con el fin de pasar el sistema de escaneo que usan las corporaciones.

IDENTIFICA LAS
SECCIONES DE TU CV

Este es el formato de resume/CV recomendado para la mayoría de los trabajos corporativos. Este modelo es sencillo de leer, sin las decoraciones que puede tener una plantilla comprada en internet, que adicionalmente no son compatibles con los ATS.

1 INFORMACIÓN DE CONTACTO

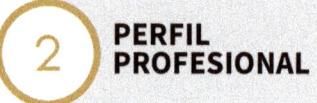
2 PERFIL PROFESIONAL

3 EXPERIENCIA LABORAL

4 EDUCACIÓN

SI DESEAS DESCARGAR ESTA PLANTILLA VISITA MI PÁGINA WEB

WWW.JICANAVA.COM

PRIMERA SECCIÓN DE TU CV
DATOS DE CONTACTO

<u>NOMBRE   APELLIDO</u>
<u>Correo Electrónico</u> | <u>Ciudad, Estado</u> | <u>Teléfono</u> | <u>Perfil de LinkedIn</u>

¿QUÉ COLOCAR EN ESTA SECCIÓN?

- **Primer nombre y primer apellido**
  En nuestra cultura es común tener dos nombres y dos apellidos, te recomiendo **consistencia**. Usa un solo nombre y un solo apellido tanto en tu CV, como en las postulaciones de empleo, en tu mensaje de voz y en los emails que envías.

- **Correo Electrónico**
  Evita emails que revelen tu año de nacimiento, si es algo que no quieres que sepa tu entrevistador. Ejemplo: *nombre1968@gmail.com*

- **Dirección o Zona Metropolitana y Estado**
  Recomiendo colocar la ciudad y el estado separados por una coma. En algunos países se usa la dirección completa. Escribir el nombre del país es redundante a menos de que estés buscando empleo en un país diferente.

- **Número de teléfono**
  Escribe el número tal cual como lo va a marcar tu futuro entrevistador, evita el código del país si te encuentras en el mismo país que estás aplicando.

- **Perfil de LinkedIn**
  Añade el link (URL) de tu perfil para que tu entrevistador lea tu historia profesional. Recuerda que igualmente te van a buscar.

SEGUNDA SECCIÓN DE TU CV
PERFIL PROFESIONAL

PERFIL PROFESIONAL

Profesional con experiencia en palabra clave, palabra clave, palabra clave y palabra clave. Habilidades avanzadas en palabra clave, palabra clave y palabra clave.

- Palabra clave, palabra clave y palabra clave
- Bilingüe en inglés y español
- Habilidades avanzadas en Excel & Software
- Experto en palabra clave
- Liderazgo y resolución de problemas
- Palabra clave y palabra clave

¿QUÉ COLOCAR EN ESTA SECCIÓN?

- **Habilidades duras**: Estas destrezas técnicas son adquiridas durante tu carrera a través de trabajos anteriores, formación académica y entrenamiento. Ejemplo: software, idiomas, análisis de datos, SEO, diseño gráfico, ventas.

- **Habilidades blandas**: Están asociadas al comportamiento de la persona, su desempeño social, inteligencia emocional y liderazgo reflejándose en sus hábitos de trabajo. Ejemplo: creatividad, aprendizaje rápido, liderazgo.

- **Habilidades específicas del cargo**: Son las competencias y conocimientos requeridos en la descripción de trabajo del cargo que deseas.

¿QUÉ HABILIDADES VAS A ESCRIBIR EN TU PERFIL PROFESIONAL?

DURAS

Ej: desarrollo de websites

_____

_____

_____

_____

BLANDAS

Ej: negociación, innovación

_____

_____

ESPECÍFICAS DEL CARGO

Ej: SAP, fluido en chino

_____

TERCERA SECCIÓN DE TU CV
EXPERIENCIA LABORAL

EXPERIENCIA LABORAL

PUESTO DE TRABAJO — Octubre 2018 - Presente
NOMBRE DE LA EMPRESA — Ciudad, Estado
- Lorem ipsum dolor sit amet, consectetuer adipiscing elit. Aenean commodo ligula eget dolor. Aenean massa. Cum sociis natoque penatibus et magnis dis parturient montes, nascetur ridiculus.
- Donec pede justo, fringilla vel, aliquet nec, vulputate eget, arcu. In enim justo, rhoncus ut, imperdiet a, venenatis vitae, justo. Nullam dictum felis eu pede mollis pretium. Integer tincidunt.
- Aenean vulputate eleifend tellus. Aenean leo ligula, porttitor eu, consequat Donec pede justo.

PUESTO DE TRABAJO — Septiembre 2014 - May 2017
NOMBRE DE LA EMPRESA — Ciudad, Estado
- Lorem ipsum dolor sit amet, consectetuer adipiscing elit. Aenean commodo ligula eget dolor. Aenean massa. Cum sociis natoque penatibus et magnis dis parturient montes, nascetur ridiculus.
- Donec pede justo, fringilla vel, aliquet nec, vulputate eget, arcu. In enim justo, rhoncus ut, imperdiet a, venenatis vitae, justo. Nullam dictum felis eu pede mollis pretium. Integer tincidunt.
- Aenean vulputate eleifend tellus. Aenean leo ligula, porttitor eu, consequat Donec pede justo.

PUESTO DE TRABAJO — Junio 2010 - Agosto 2014
NOMBRE DE LA EMPRESA — Ciudad, Estado
- Lorem ipsum dolor sit amet, consectetuer adipiscing elit. Aenean commodo ligula eget dolor. Aenean massa. Cum sociis natoque penatibus et magnis dis parturient montes, nascetur ridiculus.
- Donec pede justo, fringilla vel, aliquet nec, vulputate eget, arcu. In enim justo, rhoncus ut, imperdiet a, venenatis vitae, justo. Nullam dictum felis eu pede mollis pretium. Integer tincidunt.
- Aenean vulputate eleifend tellus. Aenean leo ligula, porttitor eu, consequat Donec pede justo.

¿CÓMO ESCRIBIR ESTA SECCIÓN?

- Ordena tus empleos anteriores en orden cronológico inverso, es decir, empieza por el más reciente hacia el más antiguo.
- Incluye los últimos 5 a 10 años, si hay un puesto más antiguo a 10 años asegúrate de que sea relevante al cargo que quieres lograr.
- Agrega de 3 a 5 viñetas que reflejen las tareas y logros de cada cargo.
- Agrega las palabras clave encontradas en la descripción del cargo.
- Usa tu especialidad, explica en qué eres experto y qué problemas sabes resolver.
- Escribe logros en forma de %, $$$, tiempo, cantidad de personas, frecuencia, etc.
- Evalúa si es relevante colocar trabajos en los que duraste menos de 6 meses.
- Revisa si tu historia es estable, saltar de empleo en empleo no luce bien.
- Para cubrir tus vacíos profesionales, usa tu experiencia como voluntario, consultor, trabajo remoto, especialista y/o freelancer.

TERCERA SECCIÓN DE TU CV
EXPERIENCIA LABORAL

Escribe entre 3 a 5 viñetas las experiencias de tus trabajos anteriores que sean relevantes al trabajo que deseas, evita párrafos extensos. Los títulos de los cargos deben entenderse, adapta el nombre si es necesario, evita jerga especializada o abreviaturas que confundan al lector.

Comienza cada oración con un verbo, si el cargo es el actual se utiliza el tiempo presente del verbo y para los trabajos anteriores se utiliza el verbo en tiempo pasado. Las tareas no deben ser escritas con funciones obvias, por ejemplo: *"Responsable de las ventas"*, *"Controlar las compras"*, *"Atender teléfonos en la recepción"*.

La fórmula que uso frecuentemente es: *Verbo (en 3ra persona o en pasado) + números + impacto + contexto*.

Puedes adaptar estos ejemplos para tu CV/Resume:

- Liderar la cultura de seguridad de la planta resultando en un entorno de trabajo libre de lesiones e incidentes.
- Implementar un programa de publicación regular de contenido en 12 cuentas de redes sociales.
- Elaborar reportes financieros semanales para más de 50 clientes.
- Diseñar planos para clientes particulares y comerciales superando la meta mensual de ventas en un 37%.
- Analizar estados de ganancias y pérdidas (P&L) para monitorear la salud financiera de la empresa.
- Realizar las declaraciones anuales de impuestos sobre la renta para grandes clientes y negocios.
- Identificar los requisitos de soporte informático para más de 200 estaciones de trabajo.
- Impulsar 10 productos farmacéuticos y negociar ventas con más de 150 consultorios privados y farmacias.
- Aumentar las ventas en un 42% y lograr la inscripción de 120 nuevos clientes durante el 2021.
- Crear y lanzar más de 60 productos de moda de lujo, incluyendo ropa, zapatos y accesorios.

FÓRMULA PARA ESCRIBIR TU PROPIA DESCRIPCIÓN DE CARGOS

VERBO + NÚMEROS	IMPACTO	CONTEXTO
Ejemplo: Exceder en un 35%	las metas de ventas mensuales	de 5 equipos médicos

CUARTA SECCIÓN DE TU CV
EDUCACIÓN

EDUCACIÓN Y CURSOS

Licenciatura en _____. Universidad Internacional del Caribe. Venezuela. 2013

¿QUÉ COLOCAR?

- **Grados académicos**: Son niveles de estudio tales como: Bachiller (High School Diploma), Licenciado (Bachelor's degree), Master/Magíster (Master's degree) y Doctorado (PhD). Son otorgados por universidades e instituciones educativas.

- **Certificaciones**: Son capacitaciones con un tiempo limitado de validez y que requiere pasar un examen para ser renovada. Estas son emitidas por entidades privadas.

- **Licencias**: Son credenciales que concede una institución gubernamental para permitir el ejercicio de un trabajo determinado con validez legal.

- **Cursos**: Son capacitaciones o entrenamientos dictados por una empresa o individuo.

¿CUÁLES TÍTULOS UNIVERSITARIOS, LICENCIAS Y CERTIFICACIONES RELEVANTES AL CARGO VAS A AGREGAR A TU CV?

Ej: Licenciatura en Ingeniería de Producción

Curso de control de procesos

CUARTA SECCIÓN DE TU CV
LOGROS

EDUCACIÓN & CURSOS

Cursos: Liderazgo | Comunicación Efectiva | Manejo de Conflictos | SAP

¿QUÉ COLOCAR?

- **Publicaciones:** No es necesario incluirlas a menos que lo requiera el cargo.

- **Proyectos:** Son iniciativas que terminan en un resultado tangible para resolver un problema o cumplir un objetivo en particular.

- **Idiomas:** Escribe los idiomas que manejas.

- **Honores y Premios:** Son logros que deben ser incluidos sólo si son relevantes.

¿CUÁLES PUBLICACIONES, PROYECTOS, IDIOMAS Y HONORES RELEVANTES AL CARGO VAS A AGREGAR A TU CV?

_____
_____
_____
_____
_____

DOCUMENTO ADICIONAL
COVER LETTER O CARTA DE PRESENTACIÓN

Este es el formato de Carta de Presentación que vas a usar, es ideal que esta carta luzca similar a tu Resume/CV.

Este documento se adjunta a las aplicaciones de empleo, junto con tu resume/CV.

Adáptalo cada vez que apliques, no puedes tener un documento general para usarlo como un panfleto.

MIS TRUCOS

- [ ] Sé breve. Escribe 3 párrafos; introducción, resumen de la experiencia y despedida.
- [ ] No insertes tablas, formas, cuadros, letras ñÑ, solamente deja los caracteres básicos.
- [ ] Investiga detalladamente la descripción del cargo para usar estas competencias en tu Cover Letter
- [ ] Nunca escribas aspiraciones salariales
- [ ] Usa las mismas fuentes del mismo tamaño que usaste en el CV/Resume
- [ ] Guarda el Cover Letter en Word (muchas veces los .pdf no son compatibles con los ATS)
- [ ] Si envías tu CV por correo, en vez de adjuntar el Cover Letter usa el texto de esta para escribir un email atractivo
- [ ] Incluye tu información de contacto

DOCUMENTO ADICIONAL
COVER LETTER O CARTA DE PRESENTACIÓN

Debes personalizar ciertas secciones de esta carta según la posición que apliques. Las descripciones de trabajo te van a dar las palabras clave que debes copiar EXACTAMENTE en tu Cover Letter.

NOMBRE APELLIDO
correo electrónico | Ciudad, Estado | Teléfono | Perfil de LinkedIn

POSICIÓN DISPONIBLE
_____

Adjunto encontrará mi currículo para su consideración en respuesta al puesto de trabajo disponible de (vacante), mi experiencia, habilidades y educación me convierten en un candidato ideal para el cargo.

He desarrollado una trayectoria profesional centrada en _____, _____ y _____, adicionalmente soy _____ (grado académico) y manejo el idioma_____. Soy una persona _____ y con competencias en _____ y _____ con eficiencia. Soy un profesional trabajador y mi experiencia me ha permitido utilizar las habilidades para producir resultados sobresalientes para su empresa.

Agradecería la oportunidad de hablar con usted sobre mi candidatura y las formas en que mis capacidades podrían alinearse con su equipo y las metas de la empresa.

Gracias por su consideración y espero poder discutir sobre esta oportunidad con usted muy pronto,

Jica Nava

---

1 ESCRIBE TU INFORMACIÓN DE CONTACTO

2 ESCRIBE EL NOMBRE DE LA VACANTE

3 PERSONALIZA CON EL NOMBRE DEL PUESTO

4 AGREGA PALABRAS CLAVE, HABILIDADES TÉCNICAS Y REQUISITOS DEL CARGO

5 FIRMA CON TU PRIMER NOMBRE Y PRIMER APELLIDO

DESCARGA ESTA PLANTILLA EN MI PÁGINA WEB (INGLÉS Y ESPAÑOL)
WWW.JICANAVA.COM

CLIENTE DE JICA NAVA

CONOCE A JEAN J. VASQUEZ

Antes

Después

> Yo era el barrendero de Lincoln Rd (en Miami Beach, Florida), yo trabajaba para una contratista que hacía mantenimiento a edificios comerciales, mi trabajo era barrer las entradas de todas las tiendas de lujo y toda la calle Lincoln Road. El primer día que me dieron mi carrito, pensé:
*¿Qué c*** hago yo aquí? ¿Será que estoy bien o estoy equivocado?* Yo soy Ingeniero Civil de la Universidad de Carabobo (en Venezuela), y recordé todos los años y noches de estudio y a mis padres haciendo sacrificios enormes. A los pocos minutos, miré mi carrito y le dije *"mi amigo, tú vas a ser mi socio, y tú y yo vamos a hacer mucho dinero"*.

Poco a poco me fui dando cuenta que era demasiado trabajo y decidí ponerle orden, otras personas decían *eso está desordenado, yo lo dejo así, eso siempre ha sido así*. Yo soy venezolano, me gusta echarle pichón y típico la frase *"si te tocó barrer, sé el mejor barrendero"* y así lo hice.

Cada vez que limpiaba me encontraba en la calle monedas tiradas y no les hacía caso, hasta que un día pensé *"yo voy a recogerlas porque este trabajo se va a acabar algún día y yo me voy a dar un premio con esto, ese va a ser mi cierre de este ciclo terrible-maravilloso"*.

Pasé casi 3 años en ese trabajo, y un día el jefe (de la empresa que nos subcontrataba) recibió una promoción. Él siempre reconoció que yo iba más allá y sabía que yo era profesional, me preguntó:
"¿Estás dispuesto a formar parte de mi nuevo equipo?". Ese día lloré y dije: ¡Wow lo logré!, no puede ser.

Mi familia (hermano y primos) y yo ya queríamos dejar esos trabajos y hacer otras cosas, eso nos estaba haciendo ruido, pero en ese momento no había nadie que hablara de eso que no sea tú (Jica).

Por una recomendación, te empiezo a seguir (2018) y escucho una cosa que estaba dando vueltas en mi cabeza, pero que no tenía forma, y llegas tú (Jica) y le pones sentido a eso que tanto uno piensa **"yo no debería estar haciendo esto"**. Yo no pensaba empezar a buscar empleo, pero te contacté sólo para tener el resume ahí, sin mayor acción. Yo no hablaba inglés perfecto, pero siempre me fui preparando en paralelo hasta que ese momento llegara.

Es por eso que dicen que el tiempo de Dios es perfecto, porque una semana después de que hicimos mi resume, y de darme toda esa clase magistral y explicarme todo el proceso, inmediatamente pasó esta oportunidad que te conté con mi jefe, ¡rapidísimo!

Con esa emoción llorando, agarré mis centavitos y me compré una camisa para mi primer día de trabajo, que es la que estás viendo en la foto.

JEAN ¿QUÉ LOGRASTE?

En el 2018 logré un puesto como Assistant Property Manager y fui promovido a Property Manager.

¿QUÉ QUIERES QUE LAS PERSONAS SE LLEVEN DE TU EXPERIENCIA?

Cada vez que echo este cuento se me agua el guarapo (me conmuevo) porque para nosotros los inmigrantes fue un momento duro que yo creo que tú (Jica) estás cambiando o estás haciendo que este tiempo sea un poco más corto y no sea el toda tu vida.

PLANIFICADOR SEMANAL
TU NUEVO CV

FECHA: _____

LUNES

MARTES

MIÉRCOLES

JUEVES

VIERNES

SÁBADO

DOMINGO

ACTIVIDADES

- Crear un archivo con el nuevo CV
- Escribir los datos de contacto
- Adaptar el perfil profesional
- Agregar de 3 a 5 viñetas a cada empleo del pasado con logros y tareas
- Escribir la educación relevante

PRIORIDADES

_____

_____

_____

_____

NOTAS

HERRAMIENTAS PARA LA BÚSQUEDA
CÓMO BUSCAR EMPLEO

Es importante reconocer que luego de la pandemia, el mercado de trabajo ha cambiado. Es por eso que se hace necesario entender este nuevo escenario y aprender sobre las diferentes herramientas de búsqueda de trabajo que pueden ayudarte en el proceso de contratación.

Entre las tendencias más usadas para buscar empleo encontramos:
- Portales online de empleo
- Reclutadores
- Networking y referencias internas de empleados
- LinkedIn y redes sociales

En este capítulo vas a comenzar a buscar oportunidades de trabajo y a descubrir estas beneficiosas herramientas, cómo funcionan y cómo debes usarlas para lograr entrevistas y poder diferenciarte de otros candidatos.

IDENTIFICA LOS OBSTÁCULOS QUE HAS TENIDO

1. CUÁLES HAN SIDO LOS RESULTADOS DE HABER TRATADO DE EXPANDIR TU CARRERA

_____
_____

2. CUÁLES HAN SIDO LOS RESULTADOS DE TU BÚSQUEDA DE EMPLEO

_____
_____

3. CUÁLES HAN SIDO LOS PRINCIPALES OBSTÁCULOS QUE HAS ENCONTRADO

_____
_____

HERRAMIENTAS PARA LA BÚSQUEDA
PORTALES DE EMPLEO

Los portales de empleo, o bolsas de trabajo, son sitios online donde las empresas y reclutadores anuncian trabajos disponibles y encuentran CVs para luego contactar a candidatos.

El proceso de llenar aplicaciones online a través de portales de empleo es extremadamente fácil... tan fácil que TODO el mundo lo hace incansablemente. Para la mayoría de las personas aplicar en línea toma un mínimo esfuerzo; sólo hace falta descargar una app desde un teléfono celular, y con sólo un clic se pueden completar una gran cantidad de postulaciones en pocos minutos, es por ello la importancia de adaptar antes de aplicar. A continuación, los portales más conocidos en el mercado:

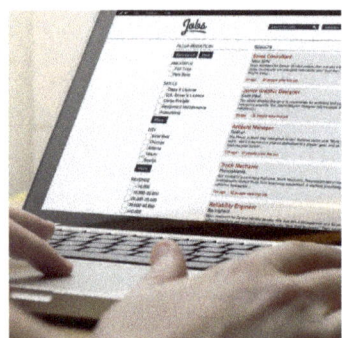

INDEED.COM
Es uno de los más sencillos de usar. En la celda "Qué" coloca las palabras clave del empleo que te gustaría lograr y en la celda "Dónde" escribe dónde te gustaría trabajar. También puedes cargar tu resume/CV para formar parte de la base de datos que usan los empleadores para encontrar candidatos.

GLASSDOOR.COM
Es de gran utilidad usar este portal para buscar empleo y como un lugar de consulta, aquí encontrarás la síntesis de cada empresa, los sueldos que ofrecen, el estilo de las entrevistas que hacen y adicionalmente las personas cuentan su experiencia como empleado.

OTROS PORTALES POPULARES
1. careerbuilder.com
2. Google for Jobs
3. simplyhired.com
4. ziprecruiter.com
5. monster.com

HERRAMIENTAS PARA BUSCAR EMPLEO
RECLUTADORES

¿Qué es un reclutador?

Los reclutadores externos son profesionales que buscan talento para llenar vacantes específicas. Trabajan por una comisión que paga la empresa (su cliente) por cada candidato que consiguen.

¿Cómo encuentras a un reclutador?

Para encontrar reclutadores, escribe en la barra de búsqueda de Google o LinkedIn la frase: "Reclutador OR Reclutamiento", si es en inglés: *"Recruiter OR Recruitment OR Headhunter"*. Asegúrate de que en el menú de LinkedIn esté seleccionado el filtro de *Personas*.

Usar esta modalidad no debería representar ningún costo para ti como candidato, ya que la empresa que contrata es la que paga el servicio. No hace falta ser el alto gerente de una empresa para trabajar con un reclutador, puedes usarlos para cualquier nivel.

Es completamente apropiado enviarles un mensaje privado en LinkedIn para preguntarles acerca de oportunidades de empleo, puedes usar el siguiente ejemplo:

Hola Buenas tardes _____, espero esté bien. Me gustaría enviarle mi CV en caso de que tenga oportunidades laborales disponibles. Muchas gracias por su tiempo. Jica Nava

Usa la siguiente tabla para tener a la mano la lista de reclutadores en tu ciudad.

NOMBRE DEL RECLUTADOR	TELÉFONO	EMAIL

CÓMO CONECTAR CON OTROS PROFESIONALES
NETWORKING

Contacta a profesionales que te ayuden en tu búsqueda. Envía emails y mensajes a través de LinkedIn y pide consejos (no trabajo) acerca de cómo debe ser tu enfoque. Una vez sean parte de tu comunidad profesional, interactúa frecuentemente para mantener activa la conexión y el intercambio de ideas.

Te recomiendo las siguientes iniciativas para expandir tu red de contactos:

- Conecta con excompañeros de trabajo con quien hayas perdido contacto
- Comparte artículos, videos y estudios de interés relacionados con tu industria
- Prepara un discurso breve sobre lo que haces en caso de que debas presentarte
- Responde inmediatamente emails y mensajes de reclutadores, incluso si no estás interesado en lo que tienen para ofrecerte, por ejemplo: *"Gracias por comunicarse, por el momento no puedo aceptar su oferta, pero le deseo mucha suerte en su búsqueda de candidatos"*. De esta forma mantienes viva la relación para futuras oportunidades.
- Comenta en las publicaciones de las empresas en las que desearías trabajar, por ejemplo: *"Qué buen trabajo!", "Este contenido está increíble", "Qué maravillosa labor"*
- Interactúa en las publicaciones de tu red de LinkedIn, dale clic a 👍 *"recomendar"* y comenta, por ejemplo: *"Wow, esto es innovador/inspirador!", "Gracias por compartir esta información", "Estoy de acuerdo con tu punto de vista"*. No usemos esta oportunidad para refutar o argumentar.
- Envía mensajes privados a líderes de opinión y ejecutivos, coméntales sobre algo que te haya interesado del contenido que hayan publicado o de una experiencia en común.
- Sé parte de grupos de profesionales en LinkedIn y envía mensajes con preguntas sobre la industria

Es común entrar en la red profesional de LinkedIn y no saber si aceptar o no solicitudes de conexión, lo mismo ocurre en redes sociales, pero en mi opinión una persona que trabaje en tu industria con una carrera parecida a la tuya y que vive en tu ciudad no debe ser considerada como un extraño, sino como una oportunidad para darte a conocer, compartir información o experiencias. Iniciar conversaciones con otros profesionales o colegas con tus mismos intereses resulta muy valioso para alcanzar el empleo que deseas, es una ocasión ideal para pedir un consejo genuino y compartir información relevante.

¿CÓMO INCREMENTAR TU RED DE CONTACTOS... SI NO MANEJAS EL IDIOMA?

- Prepara 5 preguntas/mensajes para iniciar una conversación
- Usa tu superpoder de *escuchar* y realiza preguntas desde la curiosidad
- Guarda tu teléfono en eventos sociales
- Silencia al *ujum* interno y ¡HABLA!

- Pide a otras personas que te hagan introducciones
- Fija una meta clara ¿Qué quieres lograr? Ej. hablar sobre tu búsqueda, aprender sobre la industria, socializar con nativos
- Sonríe, los nervios se pueden ocultar

HERRAMIENTAS PARA LA BÚSQUEDA
PREPARA TU LINKEDIN Y REDES SOCIALES

Debes tener presente que los reclutadores y jefes que contratan revisarán tus redes sociales, no tenemos idea de la predisposición de tu entrevistador a ciertos temas.

Las redes sociales se han convertido en nuestra "reputación online", por lo que constantemente debemos fortalecer el perfil que estamos mostrando públicamente a futuros empleadores. Durante la época activa de búsqueda de empleo chequea la siguiente lista:

- No escribas en ninguna red social frases como "disponible para trabajar", "disponibilidad inmediata", no debes lucir como un candidato desesperado.
- Contacta a ex-jefes o mentores que puedan darte una recomendación en LinkedIn. Pídeles que escriban sobre tu valor como profesional.
- Busca en LinkedIn a empleados de otras empresas que tengan un perfil parecido al tuyo para saber qué habilidades y experiencia tienen.
- Sigue las redes sociales de las empresas que te interesan y entérate de las últimas noticias y lanzamientos.
- Cuida el acceso, mantén tus perfiles privados —*menos el de LinkedIn*—.
- Publica información y artículos de valor sobre tu carrera y tu industria.

Una de las formas en que los reclutadores se comunicarán contigo es a través de mensajería privada de LinkedIn. Esto sucede cuando tu perfil aparece en las búsquedas o llama la atención del personal que necesita llenar vacantes (reclutadores, cazatalentos, personal de la empresa o los mismos jefes que contratan). Es por eso la importancia de responder con rapidez y tener listo tu CV, ya que es muy probable que te lo pidan y el proceso de reclutamiento sea mucho más ligero.

LOS NO-NO DE LAS REDES SOCIALES

❌ Fotos de perfil tipo selfie, con niños, con mascotas, en bodas y eventos sociales

❌ No responder a los mensajes de reclutadores con rapidez

❌ ¿Es profesional ese meme o video que recibiste para publicarlo en LinkedIn?

❌ Evita participar en discusiones sobre temas controversiales, políticos o religiosos. Tampoco son recomendables comentarios sarcásticos

❌ Evalúa cuando una publicación es exclusivamente sobre tu vida personal

HERRAMIENTAS PARA LA BÚSQUEDA
ACTUALIZA TU PERFIL DE LINKEDIN

LinkedIn es una red profesional con innumerables beneficios, dentro de los más destacados puedes encontrar: publicar tu CV online para exponerte a reclutadores, conectar con profesionales en tu industria, unirte a grupos, postularte a empleos, hacer cursos y obtener recomendaciones. En resumen, es una red efectiva y muy completa.

Utiliza la siguiente lista para optimizar tu perfil:

FOTO PROFESIONAL
Tómate una foto con un background sólido, muestra hasta los hombros y usa una chaqueta formal. Luce una expresión amigable, pon tu cabeza derecha y mira a la cámara (no a ti mismo).

TITULAR O HEADLINE
Es un conglomerado de palabras clave sobre tu carrera que el algoritmo de LinkedIn usa para ubicarte en los resultados de búsqueda. Esta oración se encuentra inmediatamente debajo de tu nombre.

SUMARIO PERSUASIVO
Escribe unos breves párrafos que contengan palabras clave, logros, experiencia, competencias y educación. Es importante que este contenido esté alineado con el cargo que quieres lograr.

EXPERIENCIA, EDUCACIÓN RELEVANTE Y LOGROS
Describe tus empleos anteriores con las tareas de cada uno. Adicionalmente, agrega títulos universitarios, certificaciones, licencias o cursos que hayas hecho. También los idiomas que manejas.

HABILIDADES, RATIFICACIONES Y RECOMENDACIONES
Agrega tu Top 3 de habilidades más importantes. Luego añade también las relacionadas a tu experiencia, habilidades blandas y duras, conocimientos sobre la industria y software.
Es conveniente obtener y dar ratificaciones entre tu entorno profesional.
Pide al menos 2 recomendaciones a excompañeros y ex-supervisores, mejor aún si viene de altos gerentes.

RED DE CONTACTOS
Agrega continuamente nuevas conexiones para ampliar tu red con otros profesionales en tu ciudad (el número óptimo es +500). Cuantas más conexiones tengas, mayor será el potencial del algoritmo para ubicarte en las búsquedas y más creíble será tu perfil para los reclutadores y futuros entrevistadores.

HERRAMIENTAS PARA LA BÚSQUEDA
PERFIL DE EJEMPLO

Jica Nava
Asesoría de CV | Adaptación de Resume | Cursos de LinkedIn

About
Asesoro candidatos para que logren el trabajo que desean transformando su CV, entrenándolos para entrevistas de trabajo y optimizando su perfil de LinkedIn.

Experience

Asesora Laboral & Reclutadora
Career Coaching Services · Full-time
May 2014 – Present · 7 yrs 4 mos
Ohio, US

Ofrezco asesorías sobre el PROCESO DE SELECCIÓN que te espera y cómo lograr el trabajo que deseas.

Es muy probable que tu perfil sea único y tenga fortalezas y debilidades que has trabajado a lo largo de tu carrera, pero te aseguro que el proceso al que te vas a enfrentar es el mismo para todos.

- Recibe una Plantilla de CV y aprende a adaptarla según tu per ...see more

Instagram @jicanava •
Trabajo • LinkedIn •...

Skills & endorsements

Orientación Profesional · 48

Clase de LinkedIn · 46

Job Coaching · 39

DECIDE TUS OPCIONES
ESCOGE TU HERRAMIENTA

¿CUÁL HERRAMIENTA VAS A USAR?

_____
_____
_____
_____
_____
_____
_____

LINKEDIN

PORTALES

NETWORKING

VOLUNTARIADO

RECLUTADORES

CLIENTE DE JICA NAVA

CONOCE A JENNIFER FARIAS

Antes

Después

> Yo llegué a Estados Unidos en el 2016 trabajaba en lo que sea limpiando casas con una tía, después cuidaba a un bebé de 18 meses, y tenía el mío (hijo) de dos años en una guardería, ganaba bien. Obtuve mis papeles y busqué empleo como asistente administrativo y fui a muchos Agentes Aduanales en Miami, iba a la entrevista y me decían que no porque mi inglés no era bueno.

Trabajé en un restaurante porque yo soy chef, entonces me metí en una cocina porque tenía que pagar los *bills* y ayudar a mi esposo. Allí estuve un año y medio, no tenía mucho futuro porque no era un gran restaurante, me fui y me puse a estudiar inglés.

En el 2018 me mudé a Illinois, y allá mejoré el oído porque todos los que me rodeaban hablaban inglés y tuve relaciones con mucha gente. Busqué empleo y me lo dieron, era una compañía bien grande sólo que no hacía mucho y no tenía nada que ver con logística ni con nada de lo que yo estudié, duré como 3 semanas creo que no encajé en el grupo y me despidieron.

Seguí estudiando inglés, no apliqué a más nada porque se me habían quitado las esperanzas y sentía el fracaso de ¡*Wow me botaron!* Nunca en mi vida me habían botado de un sitio.

Nos mudamos de regreso a Florida, y empieza la pandemia. Un día Alexa (@alexafreedom) te recomendó diciendo que cuando las personas llegan a este país lo que necesitan es la información, yo hubiera querido haber sabido todo esto que supe contigo (Jica) cuando yo llegué. Una vez que tuve la asesoría contigo, yo me metí en el papel, yo vivía en YouTube viendo la cantidad de videos que hablaban sobre el tema, hice un libreto de al menos 30 preguntas porque nunca sabes que te van a preguntar en una entrevista, porque el miedo mío era la agilidad mental para responder en inglés. Yo buscaba trabajo como un trabajo 5 días a la semana 8 horas al día, practicando, leyendo, entendiendo cómo funcionaban las compañías, dónde y cómo tenía que aplicar, hacía el resume de acuerdo a la posición que estaba aplicando y muy rápido tuve dos o tres entrevistas por teléfono antes de la que realmente dio en el clavo.

La primera entrevista fue por teléfono con una chica de Recursos Humanos, le gusté. Luego, tuve una videollamada con una manager (en Tampa), fue muy seca y no fue tan receptiva, no me escogieron.

Tuve una conversación con mi esposo y expandimos la búsqueda fuera de Florida. Así lo hice, apliqué en la misma compañía en el mismo puesto y me llamaron de cinco estados. Yo pienso que esos videos que yo vi en internet, todo ese tiempo que yo usé para saber cómo era una entrevista de trabajo me ayudó porque no fue una entrevista rígida, sino que fue muy fluida porque yo era la que tenía el control, yo les hablé sobre mí, entonces todas esas respuestas a las preguntas que tenían, yo ya las tenía listas. Me contrataron.

JENNIFER ¿QUÉ LOGRASTE?

Trabajo en una empresa multinacional de logística; empecé como Especialista en Logística, en 6 meses fui promovida a Especialista en Logística Senior, y ya me ofrecieron el cargo de Supervisor de Operaciones.

¿QUÉ QUIERES QUE LAS PERSONAS SE LLEVEN DE TU EXPERIENCIA?

Como hispanohablantes nuestra competencia es muchísimo más grande en Florida que fuera, porque allá es donde está la mayor concentración de hispanos. En donde yo estoy solamente somos dos los que hablamos español. Tú te mudas y las posibilidades van a ser infinitas, porque se necesita al hispano. Sí se puede. La gente no lo cree, yo no lo creía.

PLANIFICADOR SEMANAL
CÓMO BUSCAR EMPLEO

FECHA:

LUNES

MARTES

MIÉRCOLES

JUEVES

VIERNES

SÁBADO

DOMINGO

ACTIVIDADES

- Contactar a reclutadores
- Conectar con profesionales e identificar a potenciales mentores
- Optimizar mi perfil de LinkedIn
- Escoger un portal de empleo para empezar la búsqueda
- Preparar preguntas para enviar mensajes directos en LinkedIn

PRIORIDADES

_____

_____

_____

_____

_____

NOTAS

PREPÁRATE PARA LAS
ENTREVISTAS DE TRABAJO

El primer paso para prepararte es encontrar la descripción del puesto y el CV que usaste para llenar la aplicación de empleo. Si fuiste convocado a una entrevista y no tienes la descripción del trabajo, necesitas hacer la investigación con base al título de la posición y la compañía.

Antes de la entrevista, debes tener listo lo siguiente:
- Escribe el nombre(s) de la(s) persona(s) contacto y su número de teléfono
- Ubica la dirección de la reunión en tu GPS
- Confirma la fecha y hora de la entrevista
- Chequea el clima
- Revisa las opciones de estacionamiento
- Lleva al menos 4 copias de tu CV, es posible que los pidan

Si estás preocupado porque la entrevista es en otro idioma, recuerda que tu acento no tiene tanta relevancia como demostrar lo que sabes y lo que puedes hacer en el trabajo. Ellos quieren escuchar sobre tus habilidades para desempeñarte con éxito, el acento no es importante.

Recuerda que nuestro lenguaje nativo es un ACTIVO para el que contrata. Adicionalmente, ser multicultural permite comunicarte mejor con personas de diversos backgrounds, convéncete de lo valiosa de esta herramienta.

¿ESTÁS ACTUALMENTE EMPLEADO, PERO ESTÁS BUSCANDO TRABAJO?

- No comentes a tu supervisor o a compañeros de trabajo que tienes intenciones de cambiar de empleo.
- Si un día cualquiera te presentas en la oficina de traje formal —sin ninguna explicación— lo primero que tu jefe y compañeros van a sospechar es que estabas en una entrevista; esto es un grave error, evita llamar la atención.
- No tienes que responder a reclutadores durante tu jornada laboral.
- Evita usar el email de la empresa para coordinar entrevistas o llenar aplicaciones.

ENTREVISTAS DE TRABAJO
PREGUNTAS TÍPICAS

La clave de una entrevista de trabajo es poder describir lo que sabes hacer de manera asertiva con argumentos que resuelvan los problemas característicos del cargo.

Es fundamental practicar las respuestas una y otra vez antes de ir a una entrevista, si no tienes con quien practicar visita una feria de trabajo; es productivo ensayar con el empleador imperfecto hasta que encuentres al indicado, y no lucir desatinado en una oportunidad que realmente te interese. Entiendo que no es agradable ser entrevistado, pero mientras más practiques menos nervios vas a sentir.

Empecemos por la típica pregunta *Cuéntame de ti*.

CUÉNTAME DE TI

Practica la mejor versión de tu carrera profesional resumida en 2 minutos. El propósito es saber cómo presentas una idea, y tener una primera impresión de ti.

Guion recomendado: *He estado trabajando en la industria de (XYZ) en los últimos (XX) años.*

Actualmente estoy trabajando en la empresa (ABC) como (cargo)
He sido responsable de: (Verbo) + tareas con números: tiempo, porcentajes, ahorro $$, etc.

Cuando trabajé en la empresa (ABC) como (cargo)
Era responsable de: (Verbo) + tareas con números: tiempo, porcentajes, ahorro $$, etc.

Adicionalmente, tengo un (Título educativo) en (Carrera) + Cursos, Certificaciones, Licencias.

_____

_____

_____

_____

_____

ENTREVISTAS DE TRABAJO
PREGUNTAS TÍPICAS

¿POR QUÉ QUIERES TRABAJAR AQUÍ?

Investiga la página web y la sección de carreras de la empresa para contar lo que admiras y demostrar que conoces la cultura corporativa.

_____
_____
_____
_____
_____

¿DÓNDE TE VES EN 5 AÑOS?

Puedes usar el siguiente ejemplo:

"En 5 años, me gustaría lograr mayores responsabilidades y aprovechar muchas oportunidades para usar no solo mis talentos, sino también para aprender nuevas habilidades".

_____
_____
_____
_____
_____

ENTREVISTAS DE TRABAJO
PREGUNTAS TÍPICAS

¿CUÁLES SON TUS DEBILIDADES?

Debes contar qué pasos tomaste para solucionar esta debilidad o en quién te apoyaste para resolverlo, que esto no sea visto como un obstáculo para tu desarrollo en el cargo.

_____
_____
_____
_____
_____

¿CUÁLES SON TUS FORTALEZAS?

Una vez más, relaciona tus fortalezas al cargo.
Evita calificativos trillados como: *Proactivo, atención al detalle y confiable.*

_____
_____
_____
_____
_____

ENTREVISTAS DE TRABAJO
PREGUNTAS TÍPICAS

¿POR QUÉ TE DEBEMOS CONTRATAR A TI?

En esta pregunta debes explicar "tu método" para resolver los problemas comunes de la industria. Sé la autoridad.
Usa habilidades técnicas (software, herramientas, cursos, conocimientos).

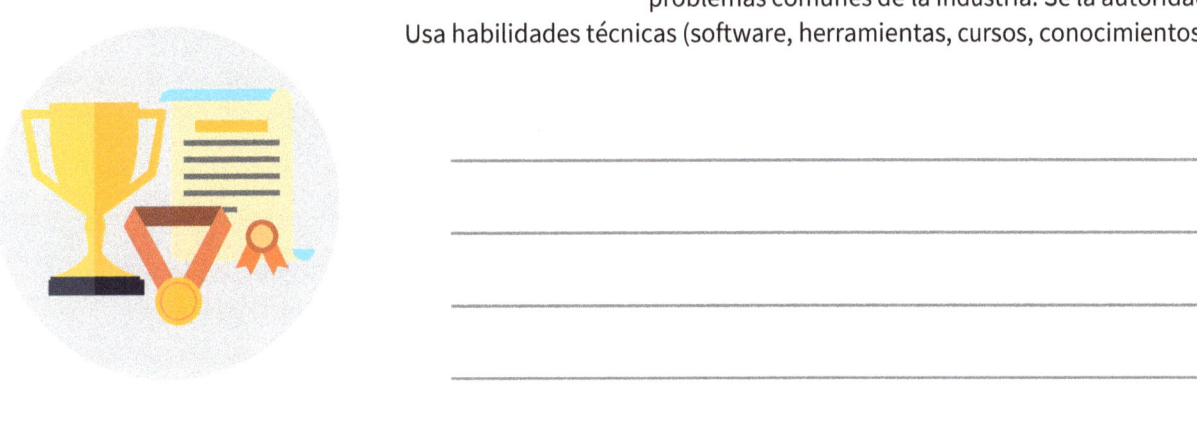

_____

_____

_____

_____

_____

¿POR QUÉ DEJASTE TU ÚLTIMO TRABAJO?

Dejar un puesto de trabajo no es objeto de vergüenza, siempre y cuando lo expliques en términos positivos. Evita ser evasivo diciendo: "fue de mutuo acuerdo", así como también, demasiado negativo, por ejemplo: "Los gerentes no saben dirigir esa empresa"; "los jefes son injustos".

_____

_____

_____

_____

ENTREVISTAS DE TRABAJO
EXPLICA TUS VACÍOS PROFESIONALES

Un vacío profesional es un período de inactividad laboral mayor a 6 meses. Es tarea del reclutador indagar las causas, por ejemplo, si fuiste despedido o si fue una decisión personal, entre otras razones.

Un vacío se genera por muchos motivos:
- Pérdida repentina del trabajo debido a una reestructuración
- Migración
- Trámite del permiso de trabajo
- La barrera de un nuevo idioma
- La dedicación a una situación personal
- Una pandemia o una crisis social

Es ideal que durante los vacíos en tu CV el empleador note que seguiste activo en tu área (actualizando habilidades, tomando cursos o aprendiendo un software). También, el voluntariado profesional es perfecto para cubrir estos vacíos.

¿PUEDES EXPLICAR EL VACÍO EN TU CV?

_____
_____
_____
_____
_____
_____

ENTREVISTAS DE TRABAJO
PREGUNTAS DE COMPORTAMIENTO

Las preguntas de comportamiento son muy comunes durante la entrevista. El empleador las usa para saber cómo reaccionaste a problemas del pasado, es por eso que tiene la expectativa de que cuentes situaciones reales que hayas vivido en empleos anteriores.

Cuenta tus historias usando la siguiente estructura:

DÓNDE PASÓ
Cuando trabajé para la (empresa) como (puesto)...

QUÉ PASÓ
Mi gerente me pidió que…
Un cliente se quejó porque…
Noté que uno de mis compañeros de trabajo hizo…
La producción se paró porque…

QUÉ HICISTE
Escuché al cliente…
Notifiqué a mi supervisor…
Negocié con el proveedor…

ES RECOMENDABLE QUE LAS HISTORIAS TENGAN UN FINAL FELIZ O UNA LECCIÓN APRENDIDA

ESCENARIOS QUE PUEDEN PREGUNTARTE

- Cómo fue tu actitud cuando algo salió mal
- Qué haces cuando algo te molesta en tu trabajo
- Cómo resuelves una tarea que no sabes hacer
- Cómo has manejado información confidencial
- Cuéntame de una vez en la que no te la llevaste bien con alguien de tu equipo
- Cómo comunicabas los progresos y problemas a tu jefe anterior
- Cómo estableces una relación con los clientes
- Cuéntame de una vez en la que hayas resuelto una situación difícil con un cliente

PREPARA 6 HISTORIAS DE SITUACIONES QUE HAYAS VIVIDO

DÓNDE PASÓ

QUÉ PASÓ

QUÉ HICISTE

_____
_____
_____
_____
_____
_____

DÓNDE PASÓ

QUÉ PASÓ

QUÉ HICISTE

_____
_____
_____
_____
_____
_____

PREPARA 6 HISTORIAS DE SITUACIONES QUE HAYAS VIVIDO

DÓNDE PASÓ

QUÉ PASÓ

QUÉ HICISTE

DÓNDE PASÓ

QUÉ PASÓ

QUÉ HICISTE

PREPARA 6 HISTORIAS DE SITUACIONES QUE HAYAS VIVIDO

DÓNDE PASÓ

QUÉ PASÓ

QUÉ HICISTE

_____
_____
_____
_____
_____
_____
_____

DÓNDE PASÓ

QUÉ PASÓ

QUÉ HICISTE

_____
_____
_____
_____
_____
_____
_____

ENTREVISTAS DE TRABAJO
CIERRE DE LA ENTREVISTA

Generalmente los entrevistadores te preguntarán si tienes alguna duda, por tanto, no lucirás interesado si cierras esta reunión diciendo *"no tengo preguntas"*. Entiendo que no quieres abusar del tiempo del entrevistador, pero es importante que demuestres tu entusiasmo.

Te recomiendo realizar de una a tres preguntas al final de la entrevista. Escoge estos ejemplos en el siguiente orden:

1) MUESTRA INTERÉS
Cuénteme sobre la cultura de trabajo
¿Cuál es su estilo de liderazgo?

2) PIDE FEEDBACK
¿Cómo considera que mi experiencia contribuirá con el equipo?
¿Cuál es la clave para tener éxito en este rol?

3) SIGUIENTES PASOS
¿Cuáles son los siguientes pasos?
¿Le importa si hago seguimiento directamente con usted?

RECUERDA

- Siempre, siempre, siempre realiza al menos una pregunta al final de la entrevista
- No preguntes inmediatamente sobre el salario, horario, beneficios, incentivos, vacaciones, bonos, etc. Deja que ellos traigan ese tema a colación

¿QUÉ PREGUNTAS VAS A HACER EN TU PRÓXIMA ENTREVISTA?

_____
_____
_____
_____
_____

PRÓXIMOS PASOS
SEGUIMIENTO LUEGO DE LA ENTREVISTA

Es común que el empleador mencione durante la entrevista una fecha estimada de respuesta. Sin embargo, es aún más frecuente —y frustrante— que no responda con su decisión el día que prometió.

Ten presente que los gerentes tienen responsabilidades y presiones de sus propios gerentes, y su día a día está lleno de urgencias y prioridades. Adicionalmente, dentro de las empresas pasan situaciones de las que nunca te vas a enterar; se toman decisiones con respecto a las vacantes, se cambian los empleados, en fin, suceden cosas inesperadas y es por eso que el seguimiento —de tu parte— debe ser un paso imprescindible en tu proceso.

El seguimiento se trata de un email rápido y sencillo, no es un recordatorio de lo grandioso de tu perfil (eso quedó en el momento de la entrevista), el principal propósito es conocer el estatus del proceso de selección. Usa este ejemplo:

ASUNTO DEL EMAIL: RE: VACANTE DE INGENIERO DE PROCESOS

Estimado _____, espero se encuentre muy bien

Lo contacto para conocer el estatus sobre el puesto de (vacante) para el cual me entrevisté el pasado (fecha). Me preguntaba si la vacante seguía disponible o si ya habían tomado una decisión. Por favor, déjeme saber si hay alguna información adicional que necesite, nuevamente muchas gracias por su tiempo.

Saludos cordiales,

Jica Nava
Correo electrónico
Teléfono

PREGUNTAS FRECUENTES

¿CUÁNTO TIEMPO ESPERO PARA HACER SEGUIMIENTO?
Entre 2 y 3 semanas después de la entrevista más reciente.

¿DEBO ESPERAR UNA RESPUESTA PARA SEGUIR BUSCANDO EMPLEO?
¡NO! Para evitar frustraciones tu búsqueda debe continuar. Postulación, Entrevista, **Amnesia**, Repite.

¿CUÁNTAS VECES DEBO PEDIR ESTATUS?
Pide estatus en la semana 2, 4 y 6. Si no han tomado una decisión, sigue adelante.

SI NO ME RESPONDEN ¿VUELVO A HACER SEGUIMIENTO?
Por supuesto que sí.

DESPUÉS DE LA ENTREVISTA
REFERENCIAS LABORALES

Contacta a tus ex-jefes y excompañeros de trabajo, pregúntales si los puedes usar como referencias. Diles que estás activamente buscando empleo en determinada posición para que ellos sepan en qué parte de tu experiencia deben hacer énfasis, explícales que no se trata de que digan *"era un buen empleado",* sugiéreles que mencionen tus habilidades clave, proyectos en los que participaste y logros de tu gestión. No des por sentado que ellos van a saber qué decir.

Si estás seguro de que un empleador no va a dar buenas referencias, puedes encontrar a una persona que trabaje en esa misma empresa que pueda hablar de tu rendimiento. Una mala referencia te puede causar problemas, y puede acabar con tu chance de obtener el trabajo.

Preguntas que pueden hacerles a tus referencias:

- ¿Por cuánto tiempo estuvo empleado en su empresa?
- ¿Usted cree que está calificado para esto que le estamos ofreciendo?
- Puede decirme las razones por las cuales dejó la compañía
- Si usted pudiera, ¿lo volvería a contratar en su empresa?
- ¿Cuál era el cargo que tenía?
- ¿Cuál era el sueldo?
- ¿Cómo era su puntualidad?

NO IMPORTA QUE LAS REFERENCIAS SEAN DE TU PAÍS DE ORIGEN, SON VÁLIDAS Y ES MUY PROBABLE QUE LOS CONTACTEN

¿A QUIÉN VAS A USAR DE REFERENCIA?

NOMBRE	TELÉFONO/EMAIL	CARGO/EMPRESA
_____	_____	_____
_____	_____	_____
_____	_____	_____
_____	_____	_____
_____	_____	_____

CLIENTE DE JICA NAVA
CONOCE A TATIANA GIRALDO

" Yo trabajaba como mesera en un restaurante, cuando llegué no sabía nada de inglés, ni decir *You are welcome,* no sabía qué era eso pensaba que era *Bienvenido.* En ese transcurso de mesera dije *no quiero ser más mesera y voy a cambiar de trabajo.* Fui 2 semanas a limpiar oficinas realmente no pude, entonces hice Instacart y Doordash, pero decía *aquí no se gana la misma plata,* entonces volví a ser Mesera.

Yo desde que llegué siempre tuve en mis planes cambiar de empleo entonces yo siempre estaba como tratando de indagar, le preguntaba a la gente y la respuesta siempre era: *tienes que homologar, tienes que hacer un curso que certifique tu idioma, y cuando homologues tu carrera ya puedes empezar a buscar trabajo.* Mucha gente me decía: *no homologues sino que vuelve a empezar de cero porque eso te sale más caro, pero definitivamente necesitas el título aquí, si tú estudiaste en Colombia no te sirve para nada… tú aquí (Estados Unidos) no eres nadie.*

Luego conozco a Heydy (@voicesenglish) y empiezo a tomar clases con ella, practicaba con mi novio y en ese proceso me embarazo y empiezo: *después de que tenga el bebé, después de que pase la dieta*, y uno siempre lo pospone por algo. Entonces pensé voy a hacer la asesoría (con Jica) pues: *no, porque como estoy embarazada no puedo buscar trabajo, no porque el bebé está muy chiquito.*

Pensé yo no puedo seguir en esta situación porque económicamente sí, *¿pero y tu tiempo y tu familia?* Son trabajos que tienes que estar 7 días a la semana en el restaurante, porque para tu tener plata tienes que trabajar los fines de semana, no hay otra opción. Me prestaron la plata e hice la asesoría (con Jica).

Jica, veo tus publicaciones (en IG) es donde yo digo *yo necesito una persona que me oriente y una persona que me ayude a entender si de verdad no puedo*, porque también era una opción en ese momento hablar contigo y que tú me dijeras *no puedes* pero la única forma era haciéndolo, tomando la decisión.

TATIANA ¿QUÉ LOGRASTE?

Soy Coordinadora de Producción en una empresa de construcción en mi área de Ingeniería Industrial

¿QUÉ QUIERES QUE LAS PERSONAS SE LLEVEN DE TU EXPERIENCIA?

Uno se imagina que buscar empleo es como en los países de uno, uno siempre está esperando que aquí los requisitos sean más, y no menos. Uno siempre tiene una expectativa creo que demasiado alta, uno a veces necesita bajar un poquito la expectativa porque cuando está en el camino se puede encontrar con cosas mucho más sencillas de lo que uno se está imaginando que son.

PLANIFICADOR SEMANAL
ENTREVISTAS DE TRABAJO

FECHA: _____

LUNES

MARTES

MIÉRCOLES

JUEVES

VIERNES

SÁBADO

DOMINGO

ACTIVIDADES

- Escribir y practicar "Cuéntame de ti"
- Preparar mi discurso para enfrentar las preguntas típicas
- Escribir 6 historias para las preguntas de comportamiento
- Contactar a potenciales referencias

PRIORIDADES

_____

_____

_____

_____

_____

NOTAS

PRÓXIMOS PASOS
EL PROCESO QUE TE ESPERA

Una de las situaciones más frustrantes que vivirás como candidato es la poca claridad en la comunicación de los empleadores, aunado al hecho de que muchas veces ni siquiera recibirás respuesta a tus aplicaciones de empleo.

Asimismo, durante entrevistas de trabajo escucharás comentarios exagerados como: "tu perfil es excelente", "estamos muy interesados en ti", "estoy seguro de que vas a ser considerado"; y la lista continúa. Aunque no son apreciaciones malintencionadas, es de considerar que al ser humano, en general, le cuesta ser firme y decir que no, desafortunadamente, una frase dicha a la ligera también puede ser la más desmotivadora de todas.

Sentirse alentado por estos comentarios pueden afectarte al punto de paralizarte. Igualmente, no creas en acciones que te hagan pensar que eres el elegido, aunque tengas una segunda o tercera o quinta entrevista y aunque te den un tour por las oficinas para que conozcas a tu "futuro equipo de trabajo", después de todo esto, puede pasar que no contesten tus emails, ni llamadas y que ni siquiera te respondan que no están interesados.

Tú tienes una meta clara: **lograr el trabajo que quieras**. No debes permitir que estos comportamientos te hagan desistir. Hasta que no estés sentado en el escritorio en tu primer día de trabajo, no puedes detenerte.

Sin embargo, entiendo que buscar empleo y cumplir con nuestras obligaciones del día a día es todo un reto. Sería ideal dedicar el 100% de nuestro tiempo a llenar aplicaciones online, hacer networking y participar en un voluntariado profesional, desafortunadamente nuestra vida de adultos no nos permite ese lujo.

Es por eso que buscar empleo debe ser parte de tu rutina, no sólo una iniciativa de un fin de semana. El tiempo que destines a la búsqueda activa debe ser consistente y realista. Los casos de estudio de los clientes que he mostrado en este libro son una muestra de la montaña rusa de emociones que te espera, pero también, son ejemplo de paciencia, perseverancia y mucha resistencia a los NOs.

Luego de una entrevista podemos pensar que los resultados dependen exclusivamente de nuestro desempeño, cuando en realidad no tenemos idea de lo que está pasando dentro de cada empresa; es posible que hayan decidido promover internamente a un trabajador, o que congelaron la contratación, o que la persona que se iba cambió de opinión y retomó su puesto y mientras tanto, los candidatos están ciegos a esta realidad.

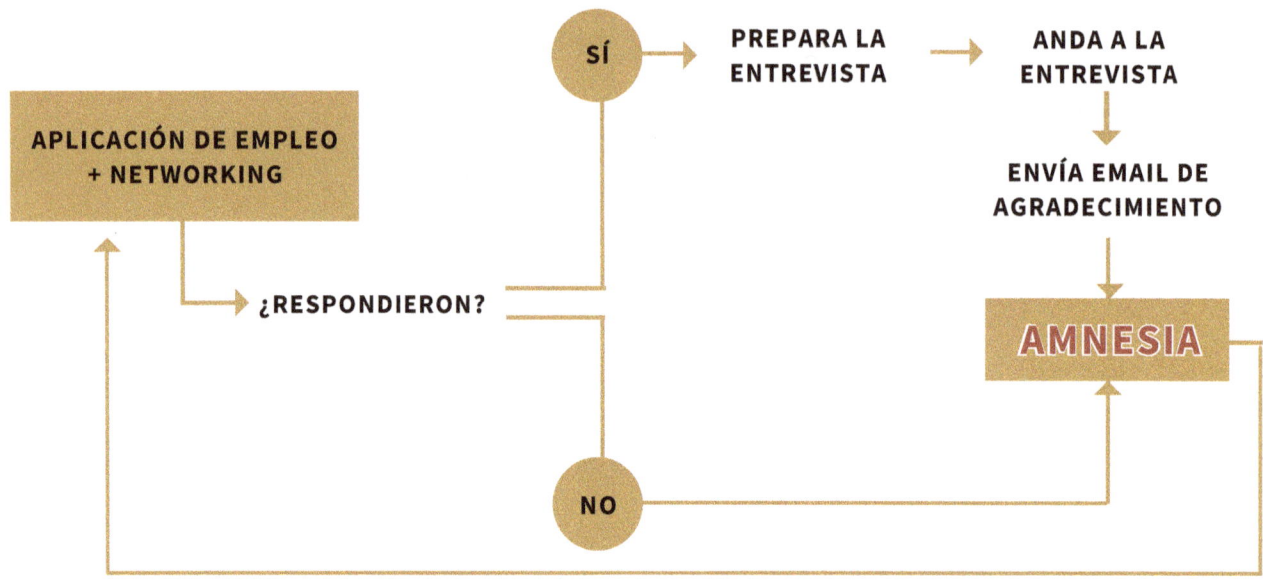

Durante mis sesiones personalizadas y grupales, recomiendo -casi con vehemencia- este flujo.

La *amnesia* se refiere a la actitud enfocada que se debe adoptar, implica no detenerse ante obstáculos o espejismos. Cuando nos exponemos a situaciones nuevas, aprendemos de las lecciones que nos dejan y vencemos con éxito el miedo a fracasar.

Luego de vivir un fracaso, la típica reacción de nuestro cerebro es la de protegernos, para después paralizarnos, de esta forma evitamos vivir otra situación difícil e incómoda. Frente a una circunstancia de riesgo, mi recomendación es mantener una mentalidad de crecimiento.

También, comienza por responder algunas preguntas: ¿En frente de quién tienes miedo a fracasar?, ¿Por qué te preocupa tanto la opinión de ciertas personas?.

Dale la bienvenida a nueva información, anímate a adoptar un discurso diferente y a encontrar otra forma de acercarte a la búsqueda de trabajo que no sea desde la lista de razones que no te permitirán lograr tus metas, en cambio, sé preciso con tus interrogantes, investiga hasta lograrlo.

Anímate, tienes mucho por dar. Sigue adelante. Siempre va a haber un penúltimo intento que te hará llorar de tristeza antes de ese último intento que te hará llorar de felicidad.

#DileNOaTrabajarEnLoQueSea

HERRAMIENTAS
DE PLANIFICACIÓN

#DILENO
ATRABAJAR
ENLOQUESEA
JICA NAVA

RASTREADOR DE APLICACIONES

HERRAMIENTA DE PLANIFICACIÓN   FECHA: _____

EMPRESA	CARGO	FECHA DE APLICACIÓN

NOTAS / LLUVIA DE IDEAS

LISTA DE EMPRESAS EN TU CIUDAD
HERRAMIENTA DE PLANIFICACIÓN

EMPRESA	ZONA	INDUSTRIA

CÓMO ENCONTRAR EMPRESAS EN TU CIUDAD

- ¿Has mirado los edificios en tu zona? Toma nota de las empresas que están en el centro, cerca de las autopistas, y las construcciones en tu ciudad.
- Busca listas de prestigio, ejemplo: *"lista de mejores compañías para trabajar en Madrid España"*.
- Escribe en la barra de búsqueda de Wikipedia: *"Lista de compañías con sede en New York"*.
- Busca la lista *Forbes* de las mejores empresas para trabajar.
- Pregunta a tus amigos cuáles empresas ofrecen los mejores beneficios.

NOTAS / LLUVIA DE IDEAS

NOTAS / LLUVIA DE IDEAS

NOTAS / LLUVIA DE IDEAS

> **No te detengas, sigue adelante. Cuentas conmigo.**

JICA NAVA

ASESORÍAS DE JICA NAVA

PREPÁRATE PARA BUSCAR TRABAJO

Prepárate paso a paso para que tu búsqueda de trabajo sea efectiva.
Te enseñaré mi método que ha ayudado a más de mil profesionales a conseguir sus próximos empleos y a romper con los vacíos laborales.

TE PUEDO AYUDAR SI NECESITAS:

- Evitar que el miedo a la búsqueda de trabajo te siga paralizando
- Saber por dónde comenzar a buscar una oportunidad de empleo
- Practicar un discurso claro para enfrentarte a una entrevista
- Encontrar orientación para diseñar un plan para tu carrera

INFORMACIÓN SOBRE ASESORÍAS

Puedes tomar mis cursos en vivo o sesiones individuales donde trabajaremos en tu CV/resume, la entrevista de trabajo y tu perfil de LinkedIn.

Para más información **www.JicaNava.com**

www.ingramcontent.com/pod-product-compliance
Lightning Source LLC
Chambersburg PA
CBHW040002080526
44586CB00027B/2859